Cahier de bord de votre rééquilibrage alimentaire

STOP !!! Arrêtez vos régimes

Laëtitia Chantepie

Ce cahier de bord ne donne pas de conseils médicaux, il ne remplace pas une consultation avec un professionnel de la santé.

Ce cahier de bord donne des conseils sur le rééquilibrage alimentaire pour aider dans la perte de poids de façon saine et durable.

L'auteur partage avec vous ses connaissances à travers ses expériences professionnelles dans l'esthétique pendant plus de 20 ans , certifiée en nutrition, en naturopathie et en arômathérapie. Elle continue de s'informer sur la nutrition pour toujours être de bons conseils.

Dans ce cahier de bord, vous apprendrez à manger équilibrée. Vous changerez vos habitudes alimentaires mais pas votre mode de vie.

Grâce au rééquilibrage alimentaire, vous perdrez du poids durablement, sans effet yo-yo, ni frustrations.

Vous éprouverez du plaisir à manger sans culpabiliser.

Il n'y a aucuns aliments INTERDITS, tout dépend des quantités.

Vous atteindrez vos objectifs avec un peu plus de temps mais de façon durable et sans carences.

Dites STOP aux régimes et aux produits miracles.

Vous suivrez vos progrès pendant 1 an, semaines par semaines.

Sommaire :

Petits conseils pour bien démarrer :

-Ne sautez pas de repas car sinon votre corps va stocker, manger régulièrement et vous vous sentirez mieux (5 petits repas que 3 gros) ;

-Faites le pleins d'aliments sain, préparez votre liste de course et privilégiez les fruits et légumes de saisons, faites le tri dans vos placards et votre frigo pour éviter les tentations, ne pas faire les courses le ventre vide ;

-Evitez les plats préparés industriel car ils sont pleins de sucres cachés ;

-Boire de l'eau, minimum 1,5 litre cela vous apportera un effet de satiété et vous permettra de bien éliminer. STOP AUX SODAS ;

-Faire du sport ou marcher au minimum 30 minutes par jours ;

-Suivre votre perte de poids, pesez-vous et prenez vos mesures une fois par semaine, prévoyez de vous faire plaisir tous les 2 ou 5 kg perdus (coiffeur, parfum, bijoux …) ;

-Préparer vos menus et repas à l'avance, surtout si vous travaillez et que vous n'avez pas le temps en rentrant.

Volonté et motivation .

Pourquoi dire STOP aux régimes ?

Régime = - alimentation restreinte ;

-stress, frustration, aucuns plaisirs, carences ;

-craquage, grignotage, sentiment de culpabilité ;

-Court-terme = EFFET YO-YO !!!

Pourquoi dire OUI au rééquilibrage alimentaire ?

Rééquilibrage alimentaire = -alimentation équilibré, petits plaisirs

Avec modération ;

-bonne relation avec la nourriture ;

-motivation, envie de continuer ;

-Long-terme = SANS EFFET YO-YO .

Pour un petit déjeuner équilibré :

-café, thé ou infusion sans sucre ;

-1 verre de lait écrémé ou un fromage blanc 0% mg ;

-1 tartine de pain complet ou des céréales (flocons d'avoine) ;

-1 fruit.

Pour une collation saine :

-chocolat noir ; -yaourt nature ; -fruits ; -fruits secs ; -légumes crus ; -céréales.

Quels pains choisir ? :

-pain complet ; -pain d'avoine ; -pain de seigle.

(Ils sont moins caloriques, sont riches en fibres, en vitamines et en nutriments)

Les bonnes cuissons :

-vapeur ; -en papillote ; -bouillie ; -rôti ; -grillé en barbecue ; -poêle anti-adhésive (pour ne pas ajouter de matière grasse).

Les quantités pour un plat équilibré :

(le midi et le soir)

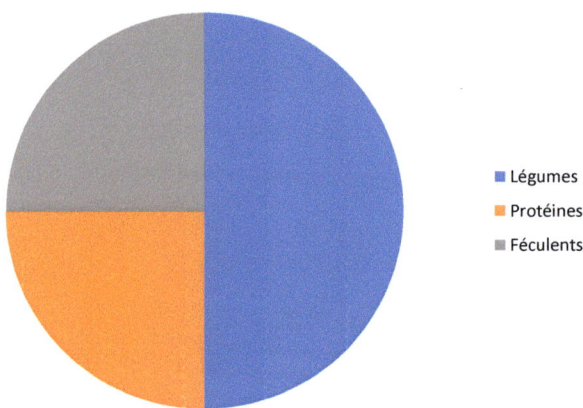

-Les légumes* : la moitié de votre assiette car ils fournissent des vitamines et ont un apport en calories faibles.

-Les protéines* : 1/4 de votre assiette car elles préservent votre masse musculaire.

-Les féculents * : 1/4 de votre assiette car ils vous aideront à vous sentir rassasié pendant un certain temps.

*voir la liste des courses

Attention au pain !!! Si vous avez déjà un féculent dans votre assiette **évitez.**

DETOX :

La détox vous aidera au début de votre rééquilibrage alimentaire car avec une détox et une alimentation équilibrée, il sera plus facile de déloger les toxines du corps et une perte de poids durable.

La détox est un processus d'élimination des toxines de l'organisme, **ce n'est pas un régime.**

Les signes qui montrent que votre corps à besoin d'une détox :

-kilos en trop ;

-problèmes de peau ;

-fatigue ;

-irritabilité, mauvaise humeur ;

-maux de tête ;

-ballonnements, constipation ;

-grignotages ;

-insomnies, mauvaises sommeil ;

-dépression.

Recettes EAU DETOX :

Pour mincir efficacement :

-1 citron ; -quelques feuilles de menthe ; -la moitié d'un concombre ; -1 litre d'eau.

-Couper le citron et la moitié du concombre en fines tranches, les mettre dans une carafe y ajouter les feuilles de menthe et l'eau ;

-Mettre minimum 2 heures au frigo.

-Combat les toxines, aide à la digestion et renforce le système immunitaire.

Pour brûler un max de graisse :

-quelques morceaux de pastèques ; -quelques feuilles de menthe ; -1 litre d'eau.

-Placer au fond de votre carafe vos morceaux de pastèques et vos feuilles de menthe y ajouter l'eau ;

-Mettre minimum 2 heures au frigo.

-Bon brûle graisse, renforce le système immunitaire et améliore la circulation du sang.

Pour un ventre plat :

-1 pomme ; -1 bâton de cannelle ; -1 litre d'eau.

-Couper la pomme en fines tranches et les placer au fond de votre carafe y ajouter le bâton de cannelle et l'eau ;

-Mettre minimum 2 heures au frigo.

-Efficace pour la perte de poids et le renforcement de votre métabolisme.

Buvez de l'eau au bon moment :

-Au réveil : 2 verres d'eau pour nettoyer votre organisme ;

-Avant le repas : 1 verre d'eau pour aider à la digestion ;

-Entre les repas : 1 ou 2 verres d'eau pour rester bien hydraté ;

-Avant la douche : 1 verre d'eau pour baisser la tension artérielle ;

-Avant de se coucher : 1 verre d'eau pour laver l'organisme et réduire les crises cardiaques.

Idées d'eau arômatisée :

-Une bouteille à infusion ; -1 litre d'eau ; -fruits de saisons

(laisser reposer minimum 6 heures)

-framboises et menthe ;

-fraises, menthe et citron ;

-citron, gingembre et menthe ;

-orange et citron ;

-pomme et concombre ;

-cerises et citron ;

-pamplemousse rose et romarin ;

-pêches et basilic ;

-menthe, citron et fleur d'oranger…

Liste de courses :

1)Les légumes : (prenez les de saisons ou surgelés) –ail ; -artichaut ; -aubergine ; -asperge ; -blette ; -betterave ; -brocolis ;-carotte ; -concombre ; -courgette ; -choux ; -céleri ; -champignon ; -épinard ; -échalote ; -endive ; -fenouil ; -fève ; -haricot vert ; -maïs ; -navet ; -olive ; -oignon ; -potiron ; -poivron ; -poireau ; -panaïs ; -radis ; -salsifi ; -salade ; -avocat

2)Les féculents : (et les légumineux) –biscotte ; -boulghour ; -flocon d'avoine ; -haricot (blanc et rouge) ; -lentille ; -patate douce ; -pomme de terre ; -pâte complète ; -pois chiche ; -pain (complet, céréales, seigle) ; -quinoa ; -tapioca ; -tortilla ; -wrap

3)Les protéines : (viandes et poissons maigres) –bœuf (partie maigre, viande hachée 5% de mg) ; -brochet ; -cheval ; -cuisses de grenouille ; -cabillaud ; -dindonneau (rôti) ; -dorade ; -dinde (sans la peau) ; -espadon ; -flétan ; -fruits de mer ; -gigot maigre ; -haddock ; -jambon maigre ; -lapin ; -lieu ; -lotte ; -morue ; -merlan ; -œuf ; -poulet (sans la peau) ; -protéines de soja ; -porc (rôti ou côte très maigre) ; -rouget ; -steak de soja ou végétal ; -saumon ; -saumon fumé ; -thon ; -tofu

4)Fruits : -abricot ; -brugnon ; -cassis ; -cerise ; -citron ; -clémentine ; -châtaigne ; -coing ; -fraise ; -framboise ; -figue ; -kaki ; -kiwi ; -mandarine ; -melon ; -myrtille ; -nectarine ; -noix ; -pomme ; -poire ; -pastèque ; -prune ; -pamplemousse ; -pêche ; -rhubarbe ; -raisin

5)Laitages : -fromage blanc 0% ; -fromage frais ; -lait ; -yaourt nature ; -yaourt grec

6)Les lipides : -huile d'olive ; -huile de coco ; -huile de sésame

7)Boissons : -café ; -eau ; -tisane ; -thé vert

8)Autres : -sucre de coco ; -miel ; -épices ; -chocolat noir ; -vinaigre balsamique ; -fruits secs (amandes…) ; -graines (lin, chia, sésame…)

(Vous pouvez photocopier et surligner les aliments qu'il vous faut)

Les fruits et légumes riches en :

Fer :

-avocat ; -brocolis ; -cassis ; -haricot vert ; -épinard ; -groseille ; -lentille ; -pois chiche ; -noix ; -sésame ; -fruits secs ; -haricot blanc ; -tofu

Calcium :

-amande ; -abricot sec ; -cresson ; -épinard ; -figues ; -pois chiche ; -brocolis ; -pistache ; -noix ; -orange ; -prunes ; -oignon ; -haricot vert ; -haricot blanc ; -lentille ; -tofu

Protéines :

-amande ; -arachide ; -brocolis ; -épinard ; -noix ; -persil ; -graine de chia ; -pois chiche ; -haricot blanc ; -maïs ; -graine de courge

Magnésium :

-avocat ; -blette ; -banane ; -artichaut ; -coriandre ; -figue ; -épinard ; -noix

Calmer vos excès de grignotages :

-boire de l'eau ;

-boire du thé ;

-manger un fruit ;

-manger des fruits secs ;

-s'occuper ;

-faire du sport .

Bonnes raisons de manger lentement :

-consomme moins de calories ;

-évite les gaz intestinaux ;

-évite l'indigestion ;

-régule notre poids ;

-bonne habitude pour se relaxer ;

-régule le taux de glucose ;

-accélère le métabolisme ;

-purifie les graisses et les toxines du corps.

Les cures naturopathiques :

Dans ce cahier de bord, on abordera 3 cures naturopathiques :

-le jeûne ;

-le jeûne intermittent ;

-la monodiète.

En naturopathie, on préconise des cures pour aider le corps à se remettre des écarts (apéritifs, repas copieux ...).

Le système digestif est mis au repos pour favoriser l'autolyse (nettoyage de l'organisme).

Une personne bien portante peut cesser de s'alimenter un à plusieurs jours car le corps subvient à ses besoins grâce à ses réserves et procède au grand ménage des déchets sans être gêné par la digestion et l'intervention de nouveaux déchets.

ATTENTION !!! Pas de restriction alimentaire si soucis de santé, enceinte, en sous-nutrition ou en pleine croissance.

La fréquence et la durée des cures dépendent de la forme mentale et physique, il suffit d'écouter son corps et de commencer par une journée puis augmenter à plusieurs jours.

Le jeûne :

Le jeûne met l' organisme au repos, l'autolyse de corps peut commencer. Le système digestif récupère son énergie et la peau devient plus belle.

Le jeûne se prépare de préférence commencer sur une courte durée (2 ou 3 jours maximum), puis augmenter progressivement le nombre jours.

Quand faire un jeûne ?

Un jeûne peut se faire :

-quand le moral est au top (pas de stress) ;

-idéalement au printemps (quand le soleil revient, il est plus facile de consommer une alimentation légère) ;

-au début d'un rééquilibrage alimentaire.

Préparer son jeûne :

-Quelques jours avant stopper :

-la viande ;

-l'alcool ;

-le tabac ;

-les sodas...

-2 jours avant :

-une alimentation légère (légumes cuisinés à la vapeur) ;

-boire beaucoup d'eau (pour éliminer et commencer à drainer).

Jeûner :

ATTENTION !!! Le jeûne sec est fortement déconseillé,

Le jeûne doit être hydrique.

-Boire 1,5 à 2 litres d'eau par jours.

Dans les premiers jours, il est possible d'avoir des maux de tête, des nausées et de la fatigue ainsi que la faim (qui disparaîtra quand le système digestif sera totalement vide).

Sortir du jeûne :

La reprise de l'alimentation doit être progressive :

-1er jour : légumes cuisinés à la vapeur ;

-2ème jour : rajouter des fruits ;

-3ème jours : repas léger avec un peu de protéines.

Puis vous reprendrez vos habitudes alimentaires c'est l'occasion de commencer votre rééquilibrage alimentaire.

ATTENTION !!! Pour un jeûne hydrique de 7 jours, une perte d'environ 10% de votre poids mais ses kilos peuvent revenir rapidement si reprise de repas trop riches. Pour vous stabiliser ou perdre du poids, vous devez mettre en place votre rééquilibrage alimentaire.

Les carences :

Pour un risque faible de carences, ne pas dépasser :

-7 jours pour un jeûne hydrique ;

-3 jours pour un jeûne sec.

Le jeûne est déconseillé aux personnes :

-enceintes ;

-sous traitement médical ;

-ayant des problèmes de santé ;

-ayant des difficultés à éliminer ;

-en sous-poids (maigreur).

Le jeûne intermittent :

-16/8

-Manger de 12h à 20h

(Vous pouvez choisir vos horaires de jeûnes en fonction de votre mode de vie).

Le jeûne intermittent consiste à jeûner pendant 16h (de 20h à 12h) beaucoup le font la nuit et saute le petit déjeuner.

Pendant ses 16h, vous pouvez boire de l'eau, du café ou du thé (sans sucres).

De 12h à 20h, vous pouvez manger équilibré.

Exemple d'une journée avec le jeûne intermittent :

-Au réveil : boire de l'eau puis votre café ou votre thé ;

-jusqu'à 12h : boire de l'eau pour couper la faim ;

-12h : manger votre repas équilibré ;

-16h : prendre une collation ;

-19h : dernier repas équilibré de la journée.

ATTENTION !!! Vos repas doivent être équilibrés.

Les bienfaits du jeûne intermittent :

-booster votre perte de poids ;

-nettoyer le système digestif ;

-favoriser la combustion des graisses ;

-réduire la pression artérielle ;

-donner de l'énergie.

La monodiète :

-Qu'est-ce que c'est ?

La monodiète est une forme de jeûne plus souple où vous ne devez consommer qu'un seul aliment (sans ajout de matière grasse ni de sucre), si vous le souhaitez, vous pouvez ajouter des épices.

-Durée :

Cela dépend des personnes, la monodiète peut aller d'un à plusieurs jours.

ATTENTION !!! à ne pas prolonger trop longtemps pour ne pas tomber dans la dénutrition, ni vous écœurer.

-Quel est le but ?

La monodiète permet de réduire les efforts du foie ainsi il peut se régénerer et permet aussi de nettoyer l'organisme en douceur.

-Quand ?

En fonction de vos besoins et idéalement au changement de saison.

-Contre-indications :

-aux personnes ayant des problèmes de santé (tel que le diabète...) ;

-aux personnes ayant un IMC faible ;

-aux personnes ayant des troubles du comportement alimentaire (anorexie, boulimie...).

Quels aliments choisir ?

Des fruits et légumes riches en fibres et en glucides tel que :

-La pomme : -crue, cuite ou en compote ;

-idéale pour drainer le foie et les intestins ;

-elle possède des vertus diurétiques, laxatives, antirhumatismales et aide à faire baisser le cholestérol.

Le raisin : -choisir du raisin blanc à la peau fine 1 à 2kg/jour en 4 prises ;

-idéalement en automne ;

-permet de nettoyer les intestins et de drainer le foie et les reins ;

-contre-indiquée aux intestins sensibles.

-La fraise : -acide donc éviter de la faire trop longtemps.

-La cerise : -permet de drainer les reins, les intestins et le foie.

-La pêche : -de préférence enlever la peau ;

-permet de nettoyer le foie, les reins et les intestins.

-Les asperges : -pour qu'elles soient plus facile à digérer faites les cuire à la vapeur ;

-permet de drainer les reins.

-La pomme de terre : -à la vapeur ou cuite à l'eau (sans ajout de MG, ni de sel) ;

-recommander en cas d'arthrite ;

-permet de désacidifier l'organisme.

-Riz complet : -à faire en hiver ;

-permet de renforcer l'appareil digestif ;

-est moins agressif pour la paroi intestinale.

Pendant une monodiète :

-N'hésitez pas à boire beaucoup d'eau ou d'infusion (sans sucre) ;

-N'hésitez pas à ajouter des épices.

<u>Activité Physique Douce</u>

La marche rapide :

La marche rapide est idéale pour votre silhouette et votre forme.
C'est une bonne alternative au jogging.

Il vous faut juste :
-une bonne paire de basket (qui vous maintient bien les chevilles) ;
-un soutien-gorge ou une brassière (qui maintient bien votre poitrine).

En pratique :
-30 minutes par jour à une vitesse entre 7 et 9km/h.

Les bienfaits :
-réduit l'embonpoint et la tension artérielle ;
-muscle les membres inférieurs et stimule la circulation veineuse des jambes ;
-améliore la santé mentale en libérant les endorphines (l'hormone du bonheur) ;
-affine les hanches ;
-améliore la fléxibilité des genoux et ménage votre dos en évitant les chocs ;
-renforce les abdos ;
-renforce le cœur et la capacité pulmonaire.

Abdos hypopressifs :

Muscler son ventre en respirant.

Méthode douce et efficace pour retrouver un ventre plat.

Les abdos hypopressifs permettent un travail très en profondeur pour muscler les abdos et la sangle abdominale notamment le transverse (le fameux muscle du ventre plat !) puis renforcer le périnée.

Comment effectuer des abdos hypopressifs ?

Cet exercice appelé « le stomach vacuum » s'effectue en 4 temps :

-1)Le positionnement : Allongez-vous sur le dos, les pieds bien à plat au sol et les bras le long du corps.

-2)Expiration : -Serrez le périnée (comme si vous vous reteniez d'une forte envie d'aller aux toilettes) ;

-Expirez tout l'air de vos poumons en rentrant complètement le ventre ;

-Contractez les abdos.

-3)Apnée : Bloquez votre respiration 10 à 20 secondes en gardant le ventre et le périnée serrés.

-4)Inspiration : Relâchez doucement le ventre et le périnée pour respirer normalement.

Cet exercice est à pratiquer 15 minutes.

Vous pouvez aussi le faire assis ou debout.

Les nombreux bienfaits :

-tonification du ventre ;

-tonification des muscles du périnée et de la sangle abdominale ;

-réduction du stress grâce à la respiration ;

-protection du dos et des lombaires ;

-renforcement du plancher pelvien ;

-contrôle de l'incontinence urinaire.

<u>Contre-indications :</u>

-déconseillé aux femmes enceintes ;

-aux personnes ayant des cicatrices récentes type césarienne ;

-aux personnes ayant subies récemment une intervention chirurgicale abdominale.

Indice de masse corporelle :

Calculer votre I.M.C :   I.M.C =_Poids en kilos ÷ (taille * x taille*)

*en mètre

Résultat	Correspondance
<16,5	Dénutrition
16,5 - 18,5	Maigreur
18,5 - 25	Corpulence normale
25 – 30	Surpoids
30 – 35	Obésité modérée (type 1)
35 – 40	Obésité sévère (type 2)
+ 40	Obésité morbide (type 3)

-Comment se peser avec précision ?

-A jeun le matin ;

-même jours de la semaine ;

-même heure ;

-après avoir été aux toilettes ;

-même tenue (nu ou en sous-vêtements.

Pour vous rendre compte de l'avancement de votre perte de poids :

1) Vous pesez (1 fois par semaine) ;
2) Prendre vos mensurations (1 fois par semaine) ;

   <u>Petite astuce ;</u> prendre vos mesures devant un miroir pour être sûr que le mètre ruban est bien à la même hauteur.

3) Un vêtement de référence ;
4) Une photo (avant/après).

Tableau de suivi de votre perte de poids

Pour noter votre poids et vos mesures aux fils des semaines pour suivre votre progression.

Tableau de suivi de votre perte de poids :

Votre poids de départ :

Votre objectif :

	Mesure de départ	Semaine 1	Semaine 2	Semaine 3	Semaine 4	Semaine 5	Semaine 6	Semaine 7
Tour de poitrine								
Tour de taille								
Tour de hanche								
Tour de Bras*								
Tour de Cuisses*								
Poids :								
I.M.C :								

*toujours le même côté

Tableau de suivi de votre perte de poids :

Votre poids de départ :

Votre objectif :

	Semaine 8	Semaine 9	Semaine 10	Semaine 11	Semaine 12	Semaine 13	Semaine 14	Semaine 15
Tour de poitrine								
Tour de taille								
Tour de hanche								
Tour de Bras*								
Tour de Cuisses*								
Poids : I.M.C :								

Tableau de suivi de votre perte de poids :

Votre poids de départ :

Votre objectif :

	Semaine 16	Semaine 17	Semaine 18	Semaine 19	Semaine 20	Semaine 21	Semaine 22	Semaine 23
Tour de poitrine								
Tour de taille								
Tour de hanche								
Tour de Bras*								
Tour de Cuisses*								
Poids : I.M.C :								

Tableau de suivi de votre perte de poids :

Votre poids de départ :

Votre objectif :

	Semaine 24	Semaine 25	Semaine 26	Semaine 27	Semaine 28	Semaine 29	Semaine 30	Semaine 31
Tour de poitrine								
Tour de taille								
Tour de hanche								
Tour de Bras*								
Tour de Cuisses*								
Poids : I.M.C :								

Tableau de suivi de votre perte de poids :

Votre poids de départ :

Votre objectif :

	Semaine 32	Semaine 33	Semaine 34	Semaine 35	Semaine 36	Semaine 37	Semaine 38	Semaine 39
Tour de poitrine								
Tour de taille								
Tour de hanche								
Tour de Bras*								
Tour de Cuisses*								
Poids :								
I.M.C :								

Tableau de suivi de votre perte de poids :

Votre poids de départ :

Votre objectif :

	Semaine 40	Semaine 41	Semaine 42	Semaine 43	Semaine 44	Semaine 45	Semaine 46	Semaine 47
Tour de poitrine								
Tour de taille								
Tour de hanche								
Tour de Bras*								
Tour de Cuisses*								
Poids :								
I.M.C :								

Tableau de suivi de votre perte de poids :

Votre poids de départ :

Votre objectif :

	Semaine 48	Semaine 49	Semaine 50	Semaine 51	Semaine 52	Semaine 53	Semaine 54	Semaine 55
Tour de poitrine								
Tour de taille								
Tour de hanche								
Tour de Bras*								
Tour de Cuisses*								
Poids : I.M.C :								

Tableau de votre suivi alimentaire

Pour noter jours après jours votre alimentation.

(S'il y a des semaines où vous perdrez plus ou moins, vous pourrez comparer)

Tableau de votre suivi alimentaire :

Semaine 1 :

	Jours 1	Jours 2	Jours 3	Jours 4	Jours 5	Jours 6	Jours 7
Petit-Déjeuner							
Collation							
Déjeuner							
Collation							
Dîner							
Boissons							
Activité Physique							

Tableau de votre suivi alimentaire :

Semaine 2 :

	Jours 1	Jours 2	Jours 3	Jours 4	Jours 5	Jours 6	Jours 7
Petit-Déjeuner							
Collation							
Déjeuner							
Collation							
Dîner							
Boissons							
Activité Physique							

Tableau de votre suivi alimentaire :

Semaine 3 :

	Jours 1	Jours 2	Jours 3	Jours 4	Jours 5	Jours 6	Jours 7
Petit-Déjeuner							
Collation							
Déjeuner							
Collation							
Dîner							
Boissons							
Activité Physique							

Tableau de votre suivi alimentaire :

Semaine 4 :

	Jours 1	Jours 2	Jours 3	Jours 4	Jours 5	Jours 6	Jours 7
Petit-Déjeuner							
Collation							
Déjeuner							
Collation							
Dîner							
Boissons							
Activité Physique							

Tableau de votre suivi alimentaire :

Semaine 5 :

	Jours 1	Jours 2	Jours 3	Jours 4	Jours 5	Jours 6	Jours 7
Petit-Déjeuner							
Collation							
Déjeuner							
Collation							
Dîner							
Boissons							
Activité Physique							

Tableau de votre suivi alimentaire :

Semaine 6 :

	Jours 1	Jours 2	Jours 3	Jours 4	Jours 5	Jours 6	Jours 7
Petit-Déjeuner							
Collation							
Déjeuner							
Collation							
Dîner							
Boissons							
Activité Physique							

Tableau de votre suivi alimentaire :

Semaine 7 :

	Jours 1	Jours 2	Jours 3	Jours 4	Jours 5	Jours 6	Jours 7
Petit-Déjeuner							
Collation							
Déjeuner							
Collation							
Dîner							
Boissons							
Activité Physique							

Tableau de votre suivi alimentaire :

Semaine 8 :

	Jours 1	Jours 2	Jours 3	Jours 4	Jours 5	Jours 6	Jours 7
Petit-Déjeuner							
Collation							
Déjeuner							
Collation							
Dîner							
Boissons							
Activité Physique							

Tableau de votre suivi alimentaire :

Semaine 9 :

	Jours 1	Jours 2	Jours 3	Jours 4	Jours 5	Jours 6	Jours 7
Petit-Déjeuner							
Collation							
Déjeuner							
Collation							
Dîner							
Boissons							
Activité Physique							

Tableau de votre suivi alimentaire :

Semaine 10 :

	Jours 1	Jours 2	Jours 3	Jours 4	Jours 5	Jours 6	Jours 7
Petit-Déjeuner							
Collation							
Déjeuner							
Collation							
Dîner							
Boissons							
Activité Physique							

Tableau de votre suivi alimentaire :

Semaine 11 :

	Jours 1	Jours 2	Jours 3	Jours 4	Jours 5	Jours 6	Jours 7
Petit-Déjeuner							
Collation							
Déjeuner							
Collation							
Dîner							
Boissons							
Activité Physique							

Tableau de votre suivi alimentaire :

Semaine 12 :

	Jours 1	Jours 2	Jours 3	Jours 4	Jours 5	Jours 6	Jours 7
Petit-Déjeuner							
Collation							
Déjeuner							
Collation							
Dîner							
Boissons							
Activité Physique							

Tableau de votre suivi alimentaire :

Semaine 13 :

	Jours 1	Jours 2	Jours 3	Jours 4	Jours 5	Jours 6	Jours 7
Petit-Déjeuner							
Collation							
Déjeuner							
Collation							
Dîner							
Boissons							
Activité Physique							

Tableau de votre suivi alimentaire :

Semaine 14 :

	Jours 1	Jours 2	Jours 3	Jours 4	Jours 5	Jours 6	Jours 7
Petit-Déjeuner							
Collation							
Déjeuner							
Collation							
Dîner							
Boissons							
Activité Physique							

Tableau de votre suivi alimentaire :

Semaine 15 :

	Jours 1	Jours 2	Jours 3	Jours 4	Jours 5	Jours 6	Jours 7
Petit-Déjeuner							
Collation							
Déjeuner							
Collation							
Dîner							
Boissons							
Activité Physique							

Tableau de votre suivi alimentaire :

Semaine 16 :

	Jours 1	Jours 2	Jours 3	Jours 4	Jours 5	Jours 6	Jours 7
Petit-Déjeuner							
Collation							
Déjeuner							
Collation							
Dîner							
Boissons							
Activité Physique							

Tableau de votre suivi alimentaire :

Semaine 17 :

	Jours 1	Jours 2	Jours 3	Jours 4	Jours 5	Jours 6	Jours 7
Petit-Déjeuner							
Collation							
Déjeuner							
Collation							
Dîner							
Boissons							
Activité Physique							

Tableau de votre suivi alimentaire :

Semaine 18 :

	Jours 1	Jours 2	Jours 3	Jours 4	Jours 5	Jours 6	Jours 7
Petit-Déjeuner							
Collation							
Déjeuner							
Collation							
Dîner							
Boissons							
Activité Physique							

Tableau de votre suivi alimentaire :

Semaine 19 :

	Jours 1	Jours 2	Jours 3	Jours 4	Jours 5	Jours 6	Jours 7
Petit-Déjeuner							
Collation							
Déjeuner							
Collation							
Dîner							
Boissons							
Activité Physique							

Tableau de votre suivi alimentaire :

Semaine 20 :

	Jours 1	Jours 2	Jours 3	Jours 4	Jours 5	Jours 6	Jours 7
Petit-Déjeuner							
Collation							
Déjeuner							
Collation							
Dîner							
Boissons							
Activité Physique							

Tableau de votre suivi alimentaire :

Semaine 21 :

	Jours 1	Jours 2	Jours 3	Jours 4	Jours 5	Jours 6	Jours 7
Petit-Déjeuner							
Collation							
Déjeuner							
Collation							
Dîner							
Boissons							
Activité Physique							

Tableau de votre suivi alimentaire :

Semaine 22 :

	Jours 1	Jours 2	Jours 3	Jours 4	Jours 5	Jours 6	Jours 7
Petit-Déjeuner							
Collation							
Déjeuner							
Collation							
Dîner							
Boissons							
Activité Physique							

Tableau de votre suivi alimentaire :

Semaine 23 :

	Jours 1	Jours 2	Jours 3	Jours 4	Jours 5	Jours 6	Jours 7
Petit-Déjeuner							
Collation							
Déjeuner							
Collation							
Dîner							
Boissons							
Activité Physique							

Tableau de votre suivi alimentaire :

Semaine 24 :

	Jours 1	Jours 2	Jours 3	Jours 4	Jours 5	Jours 6	Jours 7
Petit-Déjeuner							
Collation							
Déjeuner							
Collation							
Dîner							
Boissons							
Activité Physique							

Tableau de votre suivi alimentaire :

Semaine 25 :

	Jours 1	Jours 2	Jours 3	Jours 4	Jours 5	Jours 6	Jours 7
Petit-Déjeuner							
Collation							
Déjeuner							
Collation							
Dîner							
Boissons							
Activité Physique							

Tableau de votre suivi alimentaire :

Semaine 26 :

	Jours 1	Jours 2	Jours 3	Jours 4	Jours 5	Jours 6	Jours 7
Petit-Déjeuner							
Collation							
Déjeuner							
Collation							
Dîner							
Boissons							
Activité Physique							

Tableau de votre suivi alimentaire :

Semaine 27 :

	Jours 1	Jours 2	Jours 3	Jours 4	Jours 5	Jours 6	Jours 7
Petit-Déjeuner							
Collation							
Déjeuner							
Collation							
Dîner							
Boissons							
Activité Physique							

Tableau de votre suivi alimentaire :

Semaine 28 :

	Jours 1	Jours 2	Jours 3	Jours 4	Jours 5	Jours 6	Jours 7
Petit-Déjeuner							
Collation							
Déjeuner							
Collation							
Dîner							
Boissons							
Activité Physique							

Tableau de votre suivi alimentaire :

Semaine 29 :

	Jours 1	Jours 2	Jours 3	Jours 4	Jours 5	Jours 6	Jours 7
Petit-Déjeuner							
Collation							
Déjeuner							
Collation							
Dîner							
Boissons							
Activité Physique							

Tableau de votre suivi alimentaire :

Semaine 30 :

	Jours 1	Jours 2	Jours 3	Jours 4	Jours 5	Jours 6	Jours 7
Petit-Déjeuner							
Collation							
Déjeuner							
Collation							
Dîner							
Boissons							
Activité Physique							

Tableau de votre suivi alimentaire :

Semaine 31 :

	Jours 1	Jours 2	Jours 3	Jours 4	Jours 5	Jours 6	Jours 7
Petit-Déjeuner							
Collation							
Déjeuner							
Collation							
Dîner							
Boissons							
Activité Physique							

Tableau de votre suivi alimentaire :

Semaine 32 :

	Jours 1	Jours 2	Jours 3	Jours 4	Jours 5	Jours 6	Jours 7
Petit-Déjeuner							
Collation							
Déjeuner							
Collation							
Dîner							
Boissons							
Activité Physique							

Tableau de votre suivi alimentaire :

Semaine 33 :

	Jours 1	Jours 2	Jours 3	Jours 4	Jours 5	Jours 6	Jours 7
Petit-Déjeuner							
Collation							
Déjeuner							
Collation							
Dîner							
Boissons							
Activité Physique							

Tableau de votre suivi alimentaire :

Semaine 34 :

	Jours 1	Jours 2	Jours 3	Jours 4	Jours 5	Jours 6	Jours 7
Petit-Déjeuner							
Collation							
Déjeuner							
Collation							
Dîner							
Boissons							
Activité Physique							

Tableau de votre suivi alimentaire :

Semaine 35 :

	Jours 1	Jours 2	Jours 3	Jours 4	Jours 5	Jours 6	Jours 7
Petit-Déjeuner							
Collation							
Déjeuner							
Collation							
Dîner							
Boissons							
Activité Physique							

Tableau de votre suivi alimentaire :

Semaine 36 :

	Jours 1	Jours 2	Jours 3	Jours 4	Jours 5	Jours 6	Jours 7
Petit-Déjeuner							
Collation							
Déjeuner							
Collation							
Dîner							
Boissons							
Activité Physique							

Tableau de votre suivi alimentaire :

Semaine 37 :

	Jours 1	Jours 2	Jours 3	Jours 4	Jours 5	Jours 6	Jours 7
Petit-Déjeuner							
Collation							
Déjeuner							
Collation							
Dîner							
Boissons							
Activité Physique							

Tableau de votre suivi alimentaire :

Semaine 38 :

	Jours 1	Jours 2	Jours 3	Jours 4	Jours 5	Jours 6	Jours 7
Petit-Déjeuner							
Collation							
Déjeuner							
Collation							
Dîner							
Boissons							
Activité Physique							

Tableau de votre suivi alimentaire :

Semaine 39 :

	Jours 1	Jours 2	Jours 3	Jours 4	Jours 5	Jours 6	Jours 7
Petit-Déjeuner							
Collation							
Déjeuner							
Collation							
Dîner							
Boissons							
Activité Physique							

Tableau de votre suivi alimentaire :

Semaine 40 :

	Jours 1	Jours 2	Jours 3	Jours 4	Jours 5	Jours 6	Jours 7
Petit-Déjeuner							
Collation							
Déjeuner							
Collation							
Dîner							
Boissons							
Activité Physique							

Tableau de votre suivi alimentaire :

Semaine 41 :

	Jours 1	Jours 2	Jours 3	Jours 4	Jours 5	Jours 6	Jours 7
Petit-Déjeuner							
Collation							
Déjeuner							
Collation							
Dîner							
Boissons							
Activité Physique							

Tableau de votre suivi alimentaire :

Semaine 42 :

	Jours 1	Jours 2	Jours 3	Jours 4	Jours 5	Jours 6	Jours 7
Petit-Déjeuner							
Collation							
Déjeuner							
Collation							
Dîner							
Boissons							
Activité Physique							

Tableau de votre suivi alimentaire :

Semaine 43 :

	Jours 1	Jours 2	Jours 3	Jours 4	Jours 5	Jours 6	Jours 7
Petit-Déjeuner							
Collation							
Déjeuner							
Collation							
Dîner							
Boissons							
Activité Physique							

Tableau de votre suivi alimentaire :

Semaine 44 :

	Jours 1	Jours 2	Jours 3	Jours 4	Jours 5	Jours 6	Jours 7
Petit-Déjeuner							
Collation							
Déjeuner							
Collation							
Dîner							
Boissons							
Activité Physique							

Tableau de votre suivi alimentaire :

Semaine 45 :

	Jours 1	Jours 2	Jours 3	Jours 4	Jours 5	Jours 6	Jours 7
Petit-Déjeuner							
Collation							
Déjeuner							
Collation							
Dîner							
Boissons							
Activité Physique							

Tableau de votre suivi alimentaire :

Semaine 46 :

	Jours 1	Jours 2	Jours 3	Jours 4	Jours 5	Jours 6	Jours 7
Petit-Déjeuner							
Collation							
Déjeuner							
Collation							
Dîner							
Boissons							
Activité Physique							

Tableau de votre suivi alimentaire :

Semaine 47 :

	Jours 1	Jours 2	Jours 3	Jours 4	Jours 5	Jours 6	Jours 7
Petit-Déjeuner							
Collation							
Déjeuner							
Collation							
Dîner							
Boissons							
Activité Physique							

Tableau de votre suivi alimentaire :

Semaine 48 :

	Jours 1	Jours 2	Jours 3	Jours 4	Jours 5	Jours 6	Jours 7
Petit-Déjeuner							
Collation							
Déjeuner							
Collation							
Dîner							
Boissons							
Activité Physique							

Tableau de votre suivi alimentaire :

Semaine 49 :

	Jours 1	Jours 2	Jours 3	Jours 4	Jours 5	Jours 6	Jours 7
Petit-Déjeuner							
Collation							
Déjeuner							
Collation							
Dîner							
Boissons							
Activité Physique							

Tableau de votre suivi alimentaire :

Semaine 50 :

	Jours 1	Jours 2	Jours 3	Jours 4	Jours 5	Jours 6	Jours 7
Petit-Déjeuner							
Collation							
Déjeuner							
Collation							
Dîner							
Boissons							
Activité Physique							

Tableau de votre suivi alimentaire :

Semaine 51 :

	Jours 1	Jours 2	Jours 3	Jours 4	Jours 5	Jours 6	Jours 7
Petit-Déjeuner							
Collation							
Déjeuner							
Collation							
Dîner							
Boissons							
Activité Physique							

Tableau de votre suivi alimentaire :

Semaine 52 :

	Jours 1	Jours 2	Jours 3	Jours 4	Jours 5	Jours 6	Jours 7
Petit-Déjeuner							
Collation							
Déjeuner							
Collation							
Dîner							
Boissons							
Activité Physique							

Idées
Recettes

Pour manger sans culpabiliser.

(Si vous n'aimez pas un légume dans une recette, vous pouvez le remplacer par un autre légume, pareil pour les fruits.)

Soupe de poireaux :

-1 botte de poireaux ;

-2 oignons ;

-1 grosse pomme de terre ;

-2 c.a.s d'huile d'olive ;

-1,5 L d'eau ;

-1 c.a.s de crème liquide légère ;

-sel et poivre.

-Epluchez et coupez en petits morceaux oignons et pomme de terre ;

-Lavez les poireaux et les couper grossièrement ;

-Dans une casserole, faites revenir vos oignons dans l'huile d'olive jusqu'à ce qu'ils soient légèrement dorés. Ajoutez les poireaux et les morceaux de pomme de terre, à feu vif pendant 5 minutes ;

-Couvrez d'eau (1 L), laissez cuire à feu moyen 20 minutes ;

-Mixez, salez, poivrez, ajoutez ½ L d'eau et la crème liquide puis servez.

Quiche au thon légère :

-1 pâte feuilletée allégée ;

-1 boîte de thon au naturel (400g) ;

-300g de fromage blanc 0% ;

-4 œufs ;

-1 c.a.s de moutarde ;

-1 oignon ;

-200g d'emmental râpé allégé ;

-sel et poivre.

-Préchauffez votre four à 180°c ;

-Déroulez et piquez la pâte dans un moule ;

-Epluchez et coupez l'oignon puis le faire revenir dans une poêle ;

-Dans un saladier, mélangez les œufs, le fromage blanc, la moutarde, le thon, l'emmental et assaisonnez avec un peu de sel et de poivre ;

-Incorporez les oignons puis versez le tout sur la pâte ;

-Mettez au four 25/30 minutes.

Quiche sans pâte à la viande hâchée :

-300g de viande hâchée de bœuf 5% mg ;

-50 cl de lait écrémé ;

-3 œufs ;

-1 oignon ;

-100g de gruyère râpé allégé ;

-100g de maïzena ;

-1 pincée de noix de muscade ;

-1 c.a.s d'huile d'olive ;

-sel et poivre.

-Epluchez et faites revenir vos oignons hâchés dans une poêle avec l'huile d'olive pendant 3-4 minutes ;

-Ajoutez la viande hâchée, le sel et le poivre puis laissez cuire quelques minutes en remuant ;

-Dans un saladier, mélangez la maïzena, les œufs ,le lait, la noix de muscade et ajoutez la viande hâchée puis bien mélangez le tout ;

-Versez la préparation dans un moule ;

-Mettez au four préchauffé à 180°c pendant 40 minutes.

Tarte aux oignons :

-1kg d'oignons ;

-1 pâte brisée ;

-3 œufs ;

-25cl de crème liquide légère ;

-50g de fromage blanc 0% mg ;

-2 c.a.s d'huile d'olive ;

-70g de fromage râpé allégé ;

-sel et poivre.

-Préchauffez votre four à 200°c, épluchez et émincez les oignons ;

-Dans une poêle, faites revenir les oignons dans l'huile d'olive jusqu'à ce qu'ils soient dorés, réservez ;

-Dans un saladier ,mélangez les œufs avec la crème liquide, le fromage blanc à l'aide d'un fouet, ajoutez les oignons puis salez et poivrez ;

-Etalez la pâte dans un moule à tarte, piquez-la avec une fourchette et répartissez la préparation sur celle-ci puis ajoutez le fromage râpé par-dessus ;

-Enfournez votre tarte 30 minutes puis servez.

Frites de courgettes légères :

-3 courgettes ;

-7 c.a.s de maïzena ;

-75g de parmesan râpé ;

-2 œufs ;

-chapelure ;

-1 c.a.s d'épices à votre convenance (curry, paprika, cumin ...) ;

-sel et poivre.

-Préchauffez votre four à 200°c, lavez et coupez les courgettes dans la longueur comme des frites ;

-Dans un 1er bol, mélangez la maïzena et les épices ;

-Dans un 2ème bol, mélangez les œufs avec le sel et le poivre ;

-Dans un 3ème bol, mélangez la chapelure et le parmesan ;

-Trempez vos frites de courgettes dans chaque bols dans l'ordre des bols ;

-Déposez-les dans un plat anti-adhésif, enfournez pendant 35 minutes puis servez.

Courgettes farcies au poulet et au chèvre frais :

-4 courgettes ;

-300g de chèvre frais ;

-8 tranches de blanc de poulet fumé ;

-3 gousses d'ail ;

-persil ;

-sel et poivre.

-Préchauffez votre four à 200°c, lavez et coupez les courgettes dans le sens de la longueur puis les creusez à l'aide d'une petite cuillère ;

-Epluchez les gousses d'ail puis hachez-les avec le persil et les blancs de poulet ;

-Dans un saladier, versez le contenu du hachoir, hachez ensuite la chair des courgettes puis ajoutez-la dans le saladier ;

-Ajoutez le chèvre frais, salez, poivrez et mélangez ;

-Dans un plat (mettre un peu d'eau au fond de celui-ci), garnissez vos courgettes de votre farce puis enfournez 35 minutes puis servez.

Hachis parmentier léger à la courgette :

-500gr de bœuf haché 5% mg ;

-700g de courgettes ;

-1 oignon ;

-2 gousses d'ail ;

-90g de gruyère râpé allégé ;

-2 c.a.s d'huile d'olive ;

-sel et poivre.

-Lavez et coupez les courgettes en morceaux et les faire cuire à la vapeur 15 minutes ou dans une casserole d'eau bouillante ;

-Pelez et émincez l'oignon et les gousses d'ail, dans une poêle anti-adhésive faites revenir l'huile, l'oignon, l'ail et le bœuf haché puis remuez pendant 5 minutes (n'oubliez pas de salez et poivrez) ;

-Préchauffez votre four à 200°c , écrasez les courgettes à la fourchette. Dans un plat à gratin, répartir la viande puis recouvrir de la purée de courgette. Parsemez de gruyère râpé puis enfournez 20 minutes et servez.

Courgettes carbonara légères :

-700g de courgettes ;

-6 tranches de jambon moyen ;

-7 c.a.s de crème fraîche 5% mg ;

-sel et poivre.

-Coupez les courgettes en rondelles, les faire cuire dans de l'eau légèrement salée ;

-Pendant ce temps, faites revenir dans une poêle anti-adhésive le jambon coupé en dés, ajoutez la crème fraîche, le sel, le poivre et remuez pendant 3 minutes ;

-Ajoutez les courgettes égouttées puis bien mélanger ;

-Laissez mijoter à couvert puis servez.

Pizza sur wrap :

-4 wraps (1 par personne) ;

-30cl de coulis de tomates ;

-1 boule de mozzarella ;

-pour la garniture c'est à votre convenance : poulet, jambon, viande hachée, poivron, oignon, gruyère râpé allégé ... ;

-sel et poivre.

-Préchauffez votre four à 200°c ;

-Placez sur une plaque de cuisson recouverte de papier cuisson un wrap, déposez dessus du coulis de tomates et des petits cubes de mozzarella puis garnir à votre convenance ;

-Enfournez pendant 5-7 minutes puis servez.

(faites ainsi pour chaque wraps)

Pizza sur aubergine :

-2 aubergines ;

-30cl de coulis de tomates ;

-1 boule de mozzarella ;

-pour la garniture c'est à votre convenance : poulet, jambon, viande hachée, poivron, oignon, gruyère râpé allégé… ;

-huile d'olive ;

-sel et poivre.

-Préchauffez votre four à 200°c , lavez les aubergines et les coupez en tranches dans le sens de la longueur ;

-Placez les tranches d'aubergine sur une plaque de cuisson recouverte de papier cuisson, arrosez d'un filet d'huile d'olive ;

-Enfournez 10 minutes ;

-Sur chaque tranches d'aubergine, déposez du coulis de tomates et des petits cubes de mozzarella puis garnir à votre convenance ;

-Enfournez 7 minutes puis servez.

Chili très léger :

-600g d'haricots rouge en conserve ;

-400g de bœuf hachées 5% de mg ;

-1 grande boîte de tomates pelées ;

-2 oignons ;

-3 gousses d'ail ;

-2 c.a.s d'huile d'olive ;

-1 c.a.c d'épices à chili ;

-sel et poivre.

-Pelez et émincez les oignons et les gousses d'ail, dans une grande casserole, faites chauffer l'huile et faites revenir 4 minutes vos émincés puis ajoutez la viande hachée. Remuez pendant 5 minutes ;

-Versez les haricots égouttés et les tomates, ajoutez les épices à chili, salez et poivrez. Mélangez, faites mijoter 15 minutes en couvrant la casserole et servez.

Cabillaud sur fondue de poireaux :

-4 dos de cabillaud ;

-4 blancs de poireaux ;

-2 c.a.s d'huile d'olive ;

-piment d'Espelette ;

-sel et poivre.

-Eliminez la base des poireaux et nettoyez-les bien puis émincez-les très finement ;

-Chauffez l'huile dans une grande poêle, faire fondre les poireaux en remuant régulièrement, jusqu'à ce qu'ils soient tendres. Salez très légèrement ;

-Posez par-dessus les dos de cabillaud, couvrez et laissez cuire environ 10 minutes en fonction de la taille des morceaux ;

-Parsemez de piment d'Espelette , de poivre et servez.

Clafouti léger carottes et courgettes :

-3 carottes ;

-2 courgettes ;

-100g de maïzena ;

-2 c.a.s de crème légère ;

-3 œufs ;

-1 c.a.c de curry en poudre ;

-sel et poivre.

-Coupez les carottes et les courgettes en fines lamelles, les faire bouillir dans une casserole puis les égouttez ;

-Mélangez la maïzena avec la crème légère , les 3 œufs et le curry puis ajoutez les légumes ;

-Mettez votre préparation dans un plat et enfournez 45 minutes à 180°c.

Moussaka légère :

-2 aubergines ;

-3 tomates ;

-1 c.a.s d'huile d'olive ;

-400g de viande hachée 5% mg ;

-1 oignon ;

-100g de fromage râpé light.

-Coupez les aubergines en fines rondelles, les pré-cuire au four avec un peu d'huile d'olive ;

-Coupez l'oignon, mélangez à la viande hachée, puis versez sur les aubergines ;

-Coupez les tomates en rondelles et versez sur la viande ;

-Saupoudrez de fromage râpé et mettre 45 minutes au four à 180°c.

Galettes légères aux légumes :

-1 courgette râpée ;

-1 carotte râpée ;

-1 oignon râpé ;

-2 œufs ;

-100g de flocons d'avoine ;

-2 c.a.s d'eau.

-Mélangez le tout et mettre 30 minutes au frigo ;

-Faites des petites galettes puis faites revenir à la poêle 5 minutes de chaque côté.

Cannellonis d'aubergines à la ricotta :

-1 grande aubergine ou 6 tranches d'aubergines surgelées ;

-100g de ricotta ;

-100g de dés de jambon ;

-40g de parmesan râpé ;

-200 ml de coulis de tomate ;

-quelques feuilles de basilic ;

-1 c.a.s d'huile d'olive.

-Préchauffez votre four à 180°c ;

-Découpez l'aubergine en fines lamelles dans le sens de la longueur ;

-Placez-les sur du papier sulfurisé, salez, poivrez puis laissez reposer 10 minutes ;

-Badigeonnez d'huile d'olive et enfournez 30 minutes ;

-Pendant ce temps-là, préparez la farce : dans un grand bol, mélangez la ricotta, les dés de jambon et le basilic ciselé ;

-Déposez sur chacune des tranches d'aubergines une cuillère à soupe de farce, puis roulez-les ;

-Enfin placez les cannellonis dans un plat à gratin ;

-Nappez de coulis de tomate et saupoudrez de parmesan puis enfournez 20 minutes.

Cookies léger sans sucre ajouté :

-2 bananes mûres ;

-200g de flocons d'avoines ;

-100g de pépites de chocolat noir.

-Préchauffez votre four à 180°c ;

-Epluchez et coupez les bananes en petits morceaux puis les écraser en purée à l'aide d'une fourchette ;

-Ajoutez les flocons d'avoines et mélangez ;

-Incorporez les pépites de chocolat à la préparation ;

-Sur une plaque de cuisson recouverte de papier cuisson, posez des petites boules applaties de votre préparation puis enfournez 10 minutes ;

-Laissez refroidir, c'est prêt.

Gâteau léger choco-bananes au micro-onde :

-3 bananes ;

-200g de chocolat noir ;

-2 c.a.s d'édulcorant ;

-80g de beurre ;

-80g de maïzena ;

-2 c.a.s de crème légère ;

-3 œufs.

-Faites fondre le chocolat et le beurre au micro-onde ;

-Ajoutez les œufs puis mélangez ;

-Incorporez l'édulcorant, la maïzena, la crème légère en mélangeant ;

-Coupez les bananes en rondelles et ajoutez au mélange ;

-Faites chauffer 6 minutes au micro-onde.

Brownie léger :

-200g de chocolat noir ;

-2 c.a.s d'édulcorant ;

-50g de beurre ;

-2 œufs ;

-50g de noix ;

-65g de maïzena.

-Faites fondre le chocolat et le beurre 1 minute 30 au micro-onde ;

-Dans un saladier, mélangez les œufs, la maïzena et l'édulcorant puis ajoutez le chocolat fondu ainsi que les noix ;

-Dans un plat anti-adhésif, versez votre préparation puis enfournez 15/20 minutes à 180°c.

-Laissez refroidir et servez.

Flan au lait de coco et graines de chia :

-200 ml de lait de coco ;

-10g de graines de chia ;

-1g d'agar-agar ;

-1 c.a.s de sirop d'agave.

-Faites bouillir le lait de coco avec l'agar-agar ;

-Fouettez le mélange énergiquement ;

-Laissez porter à ébullition, sortez le lait du feu ;

-Ajoutez les graines de chia et le sirop d'agave puis mélangez ;

-Versez la préparation dans 2 ramequins puis placez au frigo minimum 45 minutes.

Copyright © Laetitia Chantepie, 2022

Édition : BoD – Books on Demand, info@bod.fr

Impression : BoD – Books on Demand, In de Tarpen 42, Norderstedt (Allemagne)

Impression à la demande

ISBN : 978-2-3224-6021-2

Dépôt légal : Octobre 2022